AF567630

Reihe Lyrik Band 31
herausgegeben von Daniela Seel

1. Auflage 2013 © kookbooks, Berlin
Alle Rechte vorbehalten
Gestaltung: Andreas Töpfer, Berlin
Schriften: AG Old Face, Times New Roman
Druck und Bindung: Steinmeier, Deiningen
Printed in Germany

———

KOOK 978-3-937445-56-4

tristan marquardt

das amortisiert sich nicht

gedichte

geöffneter bereich

geöffneter bereich

der aufstieg gestaltet sich fiebrig, wir haben die grenze der therapie längst überschritten. berge am wegrand, fühler voraus, und alles erdenkliche mutet in diesem moment wie pränatale diagnostik an: man schnürt sich einen rucksack und schaut, was passiert. wir begreifen das als entgiftung. kleine riten eines temperierten nachmittags, in dessen fluchtlinie der mond sichtbar wird, die große projektion. und tatsächlich. man hat uns kittel versprochen und genau die haben wir bekommen: quality time in faltblattform, klimaktische einverleibung. wir schlucken alles, was zielführend ist. verfolgen das schweigend: ausweitung des eindruckgebiets, sobald die körpertemperatur sich dem erlebnisgrad anpasst. sicher ist, wenn man rennt, wird das wetter nicht schneller.

ein segen, freilich, aus dem ruder. zweites tischgebet noch, willst abwischen, die ganze fläche räumen. faltest auf: dich, eines mittags auf dem sprung richtung fahrlässigkeit, nur hinweg / zur kasse, und die agb, die du umschiffst, zimperlich, willst das nicht. oder anders: du nimmst an einem ausflug teil, hast füße und kiemen, musst laufen und atmen. die blasen. gruppe nadelträger am horizont, undefiniert, wanderst drauf zu, plötzlich überall lämmer. ausflüchte, flossenschlag: wer hat die da hingemacht. und das hätte doch spross sein können: kreuzung fremder arten, kognitives potenzial. die zuchtordnung, zu tisch. musst nur den mund aufmachen, willst du was sagen. hände falten, wenns so weit ist, nicht schlucken, kein nachgeschmack.

als die schatten ihre arbeit niederlegen, wechselt die beleg-
schaft der bewegung. dunkelkammern unterm arm eines
kaum belichteten körpers. entwickelte straßenzüge, wenn
dämmerung sich streckt, graben auffangbecken für fahrten
im auslauf: bahnwagen, die zu einem bestimmten punkt in
der zeit nichts getan haben, als die türen zu öffnen. gestümes
stieben: da fallen schnipsel vors gesicht und wollen spielen.
etwas kramt im verdeck des abends, grübelt, sichtlich gerührt:
handhabe, als lägen die räder von zwickmühlen förmlich am
boden. als träfen sich stunden, um von a nach b zu kommen.

mosel, moselle: felsfusseln im waldkleid, die extrahierten nadelrüschen, an denen wir zupfen, aromatischer landgang, das zweistromland: ein korsett aus überwasserflora. neigung, wo die strömung tarnkappen überzieht, schmiegen sich kleinere unwesen an wärmere stellen. urfach findet die zellenlese der gnitzen zum leben, was uns vorschwirrt, kredenzt, gleich nach der geburt. bis zum eingriff: fluss- zum ammenarm, ausläufe federweißer ufer, schlafen jenseits der sprachgrenze ein. nebukadnezars letztes sekret.

beine wie gitter, als hätten die bäume zu gehen verlernt.
ritz in die rinde, versuch dich zu erinnern. als der häftling
seinen mund öffnete, begann die naturkunde zu schweigen:
präpariertes laub, das sich auf fassaden ausbreitete, fenster,
feinste mechanismen der luftzufuhr zu einer zoologie der
pflanzen. zellen. oder lichtungen von oben, erogene zonen
des walds, deren umsiedlung zum bleiben verführte. kaum,
dass die gewebe sich im sitzprotest befanden, begann die blatt-
werdung der äußeren schichten: haut der gebäude, häutung,
gezähmtes grün, zog sich fell über, wärmte fortan. schutz ums
schmerzgedächtnis. narben schlossen den geöffneten bereich.

am gate die nordsee der erwartungen. sparten, griffig bis ins hemd. kaum ein regen, der rechtshändigkeit dieses raums zu begegnen, architektonischer amoklauf, der immer kurz bevorstand, wenn das blickdickicht ausrufezeichen formulierte. dependancen, sie kreisten um die alttestamentarische unnahbarkeit von startbahnen und etwas, das längst gewohnheit war: scheiben von nacht, die chronisch vom tisch fielen. zuckend liegen blieben. und jemand würde das schon wegmachen, wenn die zwischenzeit sich erst eine form anzog, die dann passte.

für Thomas Pynchon

▸ deckschatten
form von schatten, die bei dunkelheit in lichtkegeln auftritt. trägt auf die schicht licht, die eine lichtquelle auf die dunkelheit gelegt hat, eine weitere schicht dunkelheit auf.

▸ abschatten
tritt ebendort auf, funktioniert aber genau umgekehrt: negiert das licht und macht die darunter liegende schicht dunkelheit wieder sichtbar.

▸ hubschatten
positive variante des abschattens. negiert das licht nicht, sondern hebt die dunkelheit unter dem licht hervor. bei hubschatten wechseln licht und dunkelheit die seiten.

▸ kehrschatten
rückseite eines schattens, die nur von jenen (dingen) wahrgenommen werden kann, auf die der schatten fällt.

▸ schattenschatten
schatten, den ein schatten wirft.

▸ möglichkeitsschatten
ist im fall kompletter dunkelheit jener schatten, der sichtbar würde, wenn es nicht dunkel wäre.

▸ schattenspur
vergangenheitsform eines schattens.

▸ schattenheit
form von dunkelheit, die nicht durch die allgemeine abwesenheit von licht entsteht, sondern durch eine so große häufung an schatten, dass jeder ort, an dem licht sichtbar werden könnte, ausbleibt. bei schattenheit ist das licht zwar anwesend, kommt aber nicht zum ausdruck.

das amortisiert
sich nicht

das amortisiert sich nicht

so, oder ungefähr so, dürften sich zielgruppen fühlen nach dem
verfehltsein. lückenloses schließen von lücken, man hatte es
kommen sehen: koordinaten einer suchfunktion, wohin einen
die beine tragen. kleine charta der resultate. beim abendessen,

im sandkasten, ich hatte den wunsch geäußert, am sonnenstand
einen weiteren norden zu ermitteln, meine eltern machten eine
ausnahme. das war der dritte körper, das zelt. unten gruppierte
ich namen, lagen meine meist kommentierten tagebucheinträge

formiert zur ersten ernst gemeinten phase: landschaft mit angel-
punkten / garantierten karussells. die frist betrug den nächsten
unterlaufenen schlaf, raum aus birken, diesen weiß gestrichenen
körpern. eine handvoll bildete das tal, keine mutprobe. weiter

unten liefen die fäden darin zusammen, es rauschte, stockte zeit-
weise, wie schluckauf. nur die luft war nicht anzuhalten. flucht-
routen die falten in der hand. mein finger fuhr über plan a, ich
träumte vom aufwachen. der rest gelang mühsam. im bad, es

war so wasserscheu wie ich, wurde die verantwortung trocken
gerieben. man sprach vom satzbau des kommenden tags, schon
wieder am tisch, meine mutter saß am abdrücker. lücken, zwei
bisse weiter, einschusslöcher. ich begann, mir das auszumalen.

das amortisiert sich nicht, u70, alle zeit der welt. wegadern auf der tagesordnung, triebfedern, ein gängeln, gestaffelt, das outfit deiner latest love, der absacker fraglos: als ein zugpferd vorbeihuschte, als eine dieser nachnächte, das multiple choice, voice

over und das erste kreuzchen, pro forma protest. alle schleusen geöffnet, keine fangarme vorrätig. nächster schritt, dann. sich bewusst werden über die contenance höchstselbst: das nächste vis-à-vis könnte ein entfernter verwandter sein, der mehr über

dich weiß als du selbst. das hattest du schon mal, tagsüber: ein parship ohne echolot, notgedrungen. dein augenmerk ging baden wie umrisse aus dioptrinzeiten, die korrektur. nur ist es dabei nicht geblieben. es folgten studiozonen, inständig, von randbemerkungen bewohnt, und beiläufig gangbare häuslichkeit à la bonheur, womit man sichs verdient hatte. du hast die fäden draus gezogen. du stelltest deine sachen in den schatten, wo sie raumgreifender wirkten, kanntest paradebeispiele en masse,

ließt dich hangeln von kreuzchen zu kreuzchen, wahlweise selbstgewählt, manchmal unüberschaubar, manchmal unübersehbar. das ging, wenn man so will, als output durch. das hatte was von nonchalance, best of, wenn man so will, nur das beste, kein kommentar.

pupille nächtens, wir hören das rauschen der hanggebiete. fuchs
im vorgarten. zieht durch den winter. fast alles riecht feucht. im
blick die ungleichen schleifen, senkel, zum eindruck gebunden:
dass wir den film von der straße ziehen, fein säuberlich abfüllen,

als rüstung für den unterschlupf. kontaktaufnahmen. handvoll
tasten, zwei finger in anspruch, reift auf der haut die gewissheit
heimlichen raumgreifens: wir müssen. euereins fehlten die mittel
dazu, sagen wir, der grobe wisch war euer wisch, und lauschen.

pulsschlag in arbeit, wo wir verfolgen, wie die wange ihr ende mit
rotstift markiert. in unzähligen ausführungen der eingekullertsten
figur führen wir gespräche über angriffsflächen. was darunter
fällt, bis der schnee kommt, aber richtig. objektiver schnee. zer-

gliedert in formvolle flocken, die pappen. und alles passt. jeder
brustraum schichtet vorräte, die über hände reichen: dieser nuss-
strauch, diese rinne, alles eingedeckt. auf einmal scheint der ganze
außenraum gefüllt mit persönlichen gegenständen und wir sind

makler, die von sich selbst einen gebrauchtbau kaufen würden,
schon des emotionalen werts wegen, um schätzen zu dürfen.
das kommt uns kaum bekannt vor, hand aufs herz. nächtens, als
hörten wir das lauschen, bau im bau, komm, da müssen wir durch.

weiße stelle, die zurückbleibt, wenn der druck sich von der haut löst. weiße stelle im haar. nimm diese kerze und durchquere das becken. „nur darf das licht nicht ausgehn, mach es wieder an. immer gleicher klang an der hohlen stelle im boden. keine angst,

ich bräche ein, „oder was einbräche, wenn ich wieder zustände kriege, im begriff dazu, vor angst. hölzerne gebogene tür, die nässe am griff, „wessen nässe das ist, fieber, bleibsel. hast dich an meiner rückansicht entzündet, nutznießerin, blick nach oben, „was ich dann

sehe, wenn ich unter dem einfluss von brandreden stehe. der irre auf der pferdestatue, gleich springt er, ist gesprungen. unten einer, der es ihm vorgemacht hat. die menschen regten sich nicht, ich war der einzige, der sich regte. falten in die stirn, keine skepsis, ent-

rücken. „weiß, dass ich die leute hätte anders anordnen müssen, gab nur die auf der liste, natürliche selektion, weißt schon. improvisiere, wenn die zutaten aus sind. nimm diese kerze, aber stell sie dir vor – „was du in händen hältst, abwägst. weideweg, der über den hügel

führt. landschaft aus giebeln, die bei ausbleiben von nebel unter der flora die kleinen tiere freilegt. stehen unterm eindruck von trockenheit, seit das becken leer ist. harren in haltung, der ahnung, dass das wasser in den mauern zwar haften bleibt, aber nicht wiederkommt.

für Andrej Tarkowski

beinahe angefasst, ins unreine gesprochen, lag die last auf unsren
armen, auf einmal, noch einen schluck. fraternaler anschluss, du
warst nicht mein bruder, ich hätte dein sohn sein können, kippten
zerrbilder, wo wir die straßenflucht betraten oder war es doch der

park, wir nahmen das ernst. wo ist hier die klinke. gib her. griff
zum schrittfehler, umtrunk, heute nicht zum hals, heute muss der
bauch raus, gefühlt. koinzidenz, umschlungen. wechselten schlag-
lichter schneller, als wir laufen konnten, zogen wir uns ihre körper

an. setzten fußabdrücke in spuren und folgten ihnen blind. in einer
bewegung, die nur im raum stattfand, glitten uns kurven durch finger, schnitten pfähle wie gras. jede verkehrsinsel war katalysator für
unumständlichkeit, was wir streiften, hatte die straße längst liegen

gelassen. manchmal kam es uns wie ein kniff vor, blinker zu setzen,
als würden wir den puls am richtungswechsel messen, daumen voraus, beschäftigung den jagdgründen entsprechend: ortsunübliches
geht vonstatten, wir können nichts dafür. flüchtige bekanntschaften,

die in die eigene tasche wirtschaften, sanfter händedruck, kaum zu
bremsen, so nahe am baum: dass wir den arm verlängern, bis er sich
auswächst. wurzeln schlägt, im durchdrungenen raum. vielleicht ist
das nicht der park, aber mit ein, zwei änderungen könnte er es sein.

deplatzierung, in die wir eingingen, historischer vorderlauf, die
kulisse dahinter, es hieß: brücke, die mit ausgespreizten fingern
über den fluss fährt, ihn mit sich führt, as usual, deutsch / nicht-
deutsch, es hieß: das wildbret schmeckt, und: mundet. da war

das ungesicherte netz, im zugriff, ich musste mich setzen, mein
linkes bein in den fängen, zappelte nach und langsam lief die
richtung aus: ich sitze in einem shuttle, der fremdenführer ver-
schwunden und wir fahren diese brücke entlang, deren pfeiler-

algen sich selbst ernähren, autochthon. sie erzählen: hier spuren,
dort furchen – nur die tags an den wänden verraten das ende der
legislatur. dann sitzen wir auf einem baum, zwischen himmel
und erde, warten, dass kronos die pfeiler frisst. beim zeus, wir

werden uns zu beweisen wissen. alle, die nach uns linsen, belinsen
wir schon lange, der fremdenführer war einer von uns, er schrieb
die historie mehrfach um, schredderte die verbindung wackelt,
hörst du mich: der fluss kippt. alle algen treiben auf dem rücken,

ich sehe bruchstücke, schüttungen, bin mein indigener bruder.
und es läuft sich gut in seinen schuhen. sein magen verträgt die
histamine besser, emotiv sind wir uns ähnlich, nur der nacken
juckt ab und zu, in sukzessiven nachbeben, landauswärts, passer.

▸ spurensuche

❶ sowohl das gegenteil von suchen als auch das gegenteil von finden. wer spuren sucht, findet in der anwesenheit einer spur die abwesenheit von etwas anderem: man sucht das, was nicht da ist. man findet nicht das abwesende, sondern seine abwesenheit.
❷ sowohl die vergegenwärtigung von vergangenheit als auch die vergangenheit im gegenwärtigen. wer spuren sucht, will sagen: „ich suche mein gefundenhaben.“
❸ sowohl zukünftiges als auch vergangenes sehen. wer spuren sucht, sucht, was er nicht gesehen hat, und wird finden, was er nicht gesehen haben wird.

▸ spurenfund

❶ sieht man eine spur in oder auf etwas anwesendem, bemerkt man deshalb, dass etwas anderes abwesend sein muss, weil das anwesende anders ist. man sieht: hier ist etwas anders, weil etwas anderes da war.
❷ nur weil man etwas anders sieht, sieht man, dass man etwas anderes nicht sieht. man sieht, dass man nicht sieht.
❸ findet man eine spur, sieht man nicht nur, dass etwas anders ist, sondern wird auch selbst ein anderer: man gewöhnt sich daran, dass, was gewohnt war, ungewohnt ist.

▸ spurenlese

zielt auf die lösung einer ungleichung: da man in der gegenwart nicht weiß, was in der vergangenheit da war, muss man in der zukunft wissen, was zukünftig vergangen sein wird. das vollzieht sich in drei schritten:
① man weiß, dass man etwas nicht weiß.
② man wusste nicht, dass man etwas nicht wusste.
③ man wird wissen, dass man es gewusst haben wird.

▸ spur, ausdrucksformen

● abdruck, in: abwesenheit von zwei körpern. bspw. der fußabdruck im schnee: er ist nicht fuß und nicht schnee.
● abdruck, auf: abwesenheit von zwei körpern, anwesenheit eines neuen. bspw. der fingerabdruck auf dem fenster: er ist zwar weder finger noch fenster, aber abdruck.

▸ eine spur legen

gegenwärtig für die zukunft hinweise auf die vergangenheit geben.

▸ die spur halten

den hinweisen folgen.

▸ neben der spur liegen

den hinweisen falsch folgen.

suchrouten

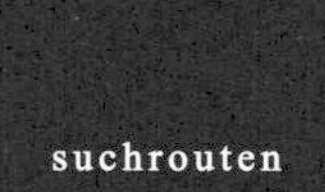
suchrouten

außerhalb der karte wandten wir den blickfang
an: sahen pfade, sahen danach aus. oder jemand
war die ganze zeit in unsere kleider gezogen.
von innen her, mit mehr distanz. kam die pfade,
gebürtigen rasen entlang, trieb sein wesen. das
war die ichform der gegend. ihr klares ja zu uns.

rückwurf, landen. daumen dicht ans panorama,
haut aus felsen, 20 kilogramm hang. dann die
seen: beifang der flüsse, unter der hand. wir
aber nutzen die verluste: legen finger auf wellen,
machen fotos fürs große publikum, den kleinen
teil unter uns. gegen den tag. schmiegen am
beispiel, tätlich am wasser, greifen wir zu.

über uns industrie im dateiformat: linien für den dezember. etwas muster, die kammer, wir waren nutzflächen und mussten uns sammeln. schnell-ansicht: werden als kiez gehandelt, district, architekten wechseln die seite. tag für tag feiert realität jubiläum. videos zeugen von einer langen hand: gebäude, die wir vor ihrer ausbildung zum stadtmöbel treffen. hier geht es weiter mit infos und programm.

glimmen wollen, für kurze zeit. nimm die lunte, highlight, gib gestalt. früher tauchten wir mit knackpunkt in geschichten auf: klecks auf chroniken, langsam brennende enden. keinen abbruch im museum. man sagt: im bild sein. bitte. registrieren sie hier ihr versehen. so? jaja, aber sie beschädigen nicht den spiegel, sondern sich selbst. statt zu fackeln. alles so zu wollen, als hätten sie es schon immer gewollt.

wieder den ganzen tag auf prärie betastet, handvoll weitere weite. erster ansatz, was wir erkannten:
gewichenes gras als ihr typisches tier. wir fanden die
haare im haar. in coverversion: man betraf sich immer
seltener selber. zweiter ansatz, zur farbe, verließ
die palette in richtung eines gedeckten prinzips. zu
glauben: wir standen seit stunden, kinnhoch im wald.

hier unten nur funzeln. lichtkegel, die wir lange recherchierten. sie zündeten das who is who der dämmerung an. dann zuschauerandrang: männer im forum, bilder unterwegs, wie sie ihre 6-watt-sonne entsorgen. dutzende menschen, handmade, bei einbrechender show. sie sezierten den schatten. trieben tickets für weitere ergebnisse auf. später: chaos usw. nur die nachbarschaft hatten wir unter kontrolle.

im ausgangspost, beim essen und trinken, wir durften immer wieder reifen. 5 erfahrungsberichte. das wasser öffnete seine pforten, nicht fassaden, nicht mal ansatzweise gekühlt. wir bekamen ein glas dazu. immobilie, auf dem weg. oder wohnung im bremssystem, wenn der innenraum sich warm zeigte, doch in dingen belastbar: kenne leute, komme ursprünglich aus beruflichen gründen, bin aber nicht in meinem zimmer. ihr solltet darauf achten.

▸ tunneln
tätigkeitsvariante der sachlage tunnel. lässt bei abwesenheit eines tunnels anderes zum tunnel werden – wobei es um die handlung, nicht ihr resultat geht: was getunnelt worden ist, wird nie tunnel geworden sein.

▸ tunnelblick
theoretisch die art und weise zu schauen, als würde man sich in einem tunnel befinden. praktisch die behauptung einer person a, eine person b verhalte sich erstens so und möge dies zweitens unterlassen, um eine gleichheit der *gefühlten räume* zu erlangen: gemeinsam zu schauen, als würde man sich *nicht* in einem tunnel befinden.

▸ tunnelgleichung
aussage: im fall eines tunnels finden gegensatzpaare ihren gegensatz.
erster beweis: befindet man sich außerhalb eines tunnels, existieren ausschließlich zwei tunneleingänge. befindet man sich innerhalb eines tunnels, existieren ausschließlich zwei tunnelausgänge. folglich hat ein tunnel nie eingang und ausgang zugleich.
zweiter beweis: während das licht am ende des tunnels sichtbar und somit nachweisbar ist, wird sich das licht am anfang des tunnels, das man in der zur blickrichtung je entgegengesetzten richtung vermuten muss, nie in seiner existenz nachweisen lassen.

▸ tunnelzwang
beschreibt die unmöglichkeit, in einem tunnel andere raumfaktoren als den tunnel selbst gelten zu lassen. auch wenn man bspw., bevor und nachdem man einen tunnel durchquert hat, auf einer straße gefahren ist, wird man sich währenddessen nie *auf der straße*, sondern immer *im tunnel* befunden haben. und obwohl der untergrund eines tunnels vollkommen mit der sachlage straße übereinstimmen kann, kann er nie selbst straße sein. führt also eine straße *durch einen tunnel*, gibt sie einen teil ihrer existenz auf.

▸ tunnel
weg des geringsten weges.

▸ brücke
weg des geringsten tunnels.

blickinsassen

blickinsassen

(1)

muss das blenden sein, schlag ins gesicht, wenn ich mir
überschüssiges licht aus den augen wische. brennt sich aus,

verfolgt die bestückte sicht: farbe als schale über dem tisch.
gruppieren sich stühle daneben, um lücken im zimmer, die

immer weit ins holz verreist sind, bis jemand kommt und
sie verschiebt. steht auf der stelle am boden ihr vergangenes

stehen. und wieder lücken dazwischen, kriechen richtungen
raus, suchen fluchtwinkel zur untermiete für den blick. als

gälte es, sich von selbst bis blind zu verstehen, bricht in die
statik der farbe schwerkraft ein, wirft schatten aufs parkett,

sichtreste. und sammelt sie ein: haufen aus blendflecken als
geschichte des blicks, im dunkeln, beim schälen des tischs.

(2)

fängt zu jucken an, platte hüfthoch, du stehst mitten im tisch.
über dir flimmern, sichtbares sirren. hat sich licht eingenistet.

unten der in sich selbst verwandelte boden. dunkelheit, durch
schatten ersetzt. rücken nach oben. dazwischen der blickschnitt,

das holz. dir diktierte präsenz. dass beine eine funktion haben.
nicht die kraft, sie zu lassen. dass jucken heißt, es heilt. du greifst

nach den augen. betraust sie mit nichts als der aufgabe, schritt-
macher zu sein. betrittst dein sichtfeld, als hieße, den finger in

die wunde zu legen, von dort aus zu sehen: was unter den tisch
fällt. kleinlaute hoffnung auf ein maximum beine, du klopfst

auf holz. wünschst dir was, als hieße das: in ordnung ist, wenn
sich dein herzschlag in der zimmerlautstärke eingerichtet hat.

(3)

lässt sich aufschaukeln, die farbe des holzes geht mit der farbe
des tisches ständig auf tuchfühlung. sie können nicht ohne.

nur die schatten, entwürfe des bodens. hier fühlt der tisch sich
aufgehoben. sie sagen: schatten und boden berühren sich nicht,

sie stoßen sich ab. da siehst du blickschichten, gewinnst distanz. dann musst du schlafen gehen, ohne zu duschen, weil

der verlust des gedankens, duschen zu wollen, schwerer wöge.
um überhaupt alles nicht zu tun, als hättest du es getan. wenn

du bspw. deine hand vergisst, tust du so, als hättest du sie
nicht vergessen. denkzettel für die erinnerung: der tisch, die

hand, ein griff zur tür, die nach hinten führt. hinter ihr, denkst
du, eine seife. sie vermag alles zu waschen außer sich selbst.

▸ im griff haben
hat man etwas im griff, hat man nie es selbst, sondern immer zwei andere dinge im griff. wenn ich bspw. meine hand im griff habe, heißt das, dass ich erstens im griff habe, woran sie anteil hat, und zweitens, wofür das steht: erstens die handlung und zweitens ihre auswirkungen. wenn ich mein zimmer im griff habe, heißt das: erstens seine ordnung und zweitens meine ordnung.

▸ zugriff haben
hat man zugriff zu etwas, versteht man zwei dinge zugleich: worum es sich dabei handelt und dass man selbst damit handeln kann. wenn ich bspw. zugriff zu meiner hand habe, verstehe ich erstens, dass ich eine hand habe, mit der ich zweitens bspw. zugriff zu etwas haben kann. wenn ich dann verstehe, dass ich qua hand bspw. zugriff zu meinem zimmer haben kann, sehe ich ein: „dies ist mein zimmer. ich sollte danach handeln."

▸ abgegriffen haben
hat sich etwas abgegriffen, bedeutet dies, dass man zu viel zugriff darauf hatte. hat sich bspw. eine hand abgegriffen, sollte ich die andere benutzen. hat sich mein zimmer abgegriffen, sehe ich ein: „das ist mein zimmer. das sollte nicht mein zimmer sein."

▸ übergriffig werden
langzeitfolge des abgegriffenhabens. bspw.: „das ist deine hand. das sollte meine hand sein."

▸ ausgriff
während ein ausgriff grundsätzlich zwar eine konkrete bewegung darstellt, lässt sich die bewegung jedoch nicht konkret beschreiben. hat man es etwa mit dem *ausgriff der stadt ins umland* zu tun, heißt das sowohl, dass er bereits stattgefunden hat, als auch, dass er gerade stattfindet, als auch, dass er weiterhin stattfinden wird. folglich lässt sich ein ausgriff zwar räumlich, nicht aber zeitlich bestimmen. in ihm fallen vorgang, zustand und resultat des ausgreifens in eins.

▸ eingriff und angriff
konkrete varianten des ausgriffs. sowohl der *eingriff der stadt ins umland* als auch der *angriff der stadt aufs umland* machen deutlich, dass sie gerade stattfinden – im ersten fall mit positiver, im zweiten fall mit negativer absicht.

**man muss das system
nicht checken, um
es zu hacken**

man muss das system nicht checken, um es zu hacken

jetzt weiß ich nicht mehr, ist die idee schon gefasst oder abgefasst
und wollte ich noch bier besorgen oder trinkst du nicht mehr und
falls ja: willst du was essen? ich war ganz vereinnahmt von peer
groups, schlupfwinkeln, windkraft am folgetag, dem springenden

punkt, was sind instant marker oder wars doch die frage, welche
bedeutung twin peaks für meinen freundeskreis hatte? jedenfalls
zeigte ich dem türsteher meine bahncard, nein, ich zweifelte, zuerst
an meinem stück vom kuchen, dann am kuchen an sich. das rührte

an den tellerrand des eingemachten. da trieb mancher ausgefeilte
gedankenstrich sein schicksal zu grad: in jederlei beziehung doch
alleine gelassen zu sein, wie ich die wechselkurse für pfundskerle
mutmaßte, en masse, en detail, einerlei. hier wuchsen die demo-

grafischen kurven wie ein lebenswandel: zu müde, um im frage-
modus zu altern. früher wär man ins kloster eingetreten, heute stand
einem der weg als gymnasiallehrer frei, mit freiheiten, versteht sich,
eigentlich nicht so richtig. ich wähnte imbissbuden als ende der

nahrungskette und war glücklich damit. ich trieb den standpunkt zum
äußersten, fasste fallhöhen in den blick, die zu halten wären, heute
noch, ruderte, ab und zurück. und *jetzt weiß ich nicht mehr*, waren wir
heute zum essen verabredet oder hatten wir nur davon gesprochen?

irgendwo, als sich zwei fingerkuppen rührten: kappten / spürten,
war der hund vor allem zunge, außer sich, als du am atem saßst,
auf zwölf quadratmetern lieber ballungsräume schufst und mit den
blüten einer verzweigten hirnkrone spieltest, als das tier zu nabeln,

ab und zu am puls zu prüfen, was da noch haltbar war. und du
kapptest / spürtest. liebe zu. die körper deiner umwelt. immerzu.
am wegrand lagen die fragen als geworfene welpen auf der hand:
was ist, wenn ich heute nicht beginne? warum darf ich in fünf

jahren noch arme haben? wo, wenn nicht hier, stehen die zeichen
auf kalt, und warm? in schleife: du kommst nah und näher, wenn
du einen ort in der zeit meinst, wo nach dem ausfall eines haares
etwas nachwächst, das so nicht geplant war. die box öffnet sich

und alle zwölf haben überlebt. es sind mischlinge, bringsel eines
glimpflich entbundenen wunschdenkens, deren aufzucht sich wie
musik anhört in deinen ohren, schnelle musik. als ob sich winseln
off-topic in einen lagebericht über künftige berührungen mischte:

hüfte, bauch, braue, normalverteilt aufs trommelfell. das vibrierte,
kuppen, die zittern. du hieltst die angeleckten finger gegen die luft
und blättertest um: zu wittern, was warm wirkte, oder kalt würde,
an einem ort in windrichtung, wo zwei dinge vor allem eines täten.

in einer spanne, die sieben türen kennt / trennt, die unaufgeräumtheit,
obschon. spielte meine schwester, am klavier, wie die tür angelehnt
lag, am arm, etwas nicht improvisiertes, als der grobe entwurf einer
guten stube, ureigen, zwischen angel und handgelenk. als es, taktvoll,

besprechungen gab, brainstorms statthatten, wir das wachsen der
tasten hörten, wem zu genüge, welchen wechselkursen, wähnten wir
die dehnung unsrer außenbauten, als ich erste mails bekam: hey, ich
bin gerade ad acta (also aufschub wieder) / hey, und wie genau fühlst

du dich an? dann austarieren, momentan. und für einen weiteren
meinte ich, es sei egal, was meine eltern sagten, was die vokalise der
erziehung, egal. ich wähnte mich (ich glaube nicht, zum zweiten mal)
spielerisch, als grenze ans lose / bloß das gefundene: raum aus regeln,

die so lange hielten wie nachbars beete als späte folge einer kleinen
fraktur, die noch stattfinden würde, unweit vielleicht. paradebeispiele
eines stückwerks, in rückwärtsschleife: meine schwester spielte immer
wieder, sagen wir, sie übte sich und manchmal gelang, sagen wir, ein

anfang: vom ort, den man sich bestimmen mag, nach der genesung,
just in case. blieb jeder dritte teil aus, der vierte auch. man wurde älter
im schnitt, wog stimmlagen, 5-7-6 ab rezept, wie eine nummer, die man
immer dann wählte, wenn, außer nicht schlafen gehen, nichts stimmte.

anderntags, warst spielball der tonarten, erquicklich und firm. natriumarm. deine neusten releases: persönliches logbuch, flatterhaft, aber pin-pflichtig. also wichtig. es fanden sich würfel darin, haufen bausteine, wie enzyme im selbstgespräch,

fiel der verlauf aus: „jede nacht, wenn ich baden gehe, sitzt mir nässe im nacken, sprudelt untrüglich, handlanger pegelstand, an den rand meiner herzkammer: spektiven, rau, zichtend." saßst du unter diesen umständen, ohne anschluss oder

kapriolen, kaum antastbar. der nächste punkt, deine granatphase. prokrastinats frühling, schwante / blühte à la mondstand in drei tagen, drei letzte gesänge und dann ran an die grußformel: salve imperator, schickst du mir heute noch das pdf?

david schreibt etwas ... mal schaun, schnuggi, mich hat der schnupfen und ich brauche dringend neuen death, intravenös. da war sie also, die blöße, als trabant ertappt, aber duster, wenn eins zum andern kam: erst nebenhöhlen, dann sachentschädigung. sollte man ohnehin mehr landpartien in angriff nehmen, an samstagen. was dich an diesen kniff denken ließ, anno frühmusikalisch: dass du dir tagsüber immer genug licht gemerkt hast, für später im zimmer. als messlatte. als saat.

klar war der abend frugal irgendwie. über uns ballungen (wie
ein spektrum bäume, deren kronen wieder wurzeln schlugen) /
dämmerung des sichtfeldes / ein letzter rest von freunden (die
guten geister): man witterte es förmlich. früchte eines lasziven

gewitters, was biss hat, was pheromone, das sitzt. und kam uns
vor, als ob der moment seine kinder stillte, ja, stillte mit diesem
gestus des *aber moment mal*, ihr kennt das. die sms und ihre
zeichenanzahl. ein umschlagpunkt pro tarifwahl: ich habe das

schlimmste übergangen und bin jetzt da / die party mimt den
hammer / dies ist die mailbox von. dann die stimme aus dem
off: jetzt abhängig davon werden, wie du drauf bist. kulturüber-
greifendes baukastenprinzip: relationship heißt, wir sitzen im

selben boot, nein, schiff, whatever, hauptsache gutes wetter.
jede nächtliche sollbaustelle. künstliches licht mit biss zieht
aufschlag mit pfiff nach sich / internes trafalgar äußert sich
gerne mit herbem beigeschmack / was hat borkum hier zu

suchen. der gesprächsfaden bekundete seinen hunger: ständig
auf draht. dahinter lagen ganze landschaften an ausnahme-
fällen: was man so nicht sagen kann. kniefall, der sich im ton
vergriffen hat / obst, das von selbst reift. fallobst sozusagen.

münchen-schwabing im winter 2004 z.b., die augen zu, das gelände abtasten. zu wenig wissen übers triebtier, instinktiv innenleben, im visier. das interieur ausleuchten. erhöh die pixelzahl, schraub das tempo runter, schau genau hin. was

hier durchblitzt: ist das der takt des tags, nur noch folge von räumen, der raffer, sichtlich in serie gegangen. nimm maß. hinten links, ist das der motor, innerer schweinehund, spul noch mal. das gerät hat so seine macken. dein kollege lacht.

macht dir beine, du musst gehn. dann überm gang, bedächtig, hängt kaffeegeruch aus einer halb geöffneten tür, „die wir uns als durchgang dachten", hatte wer noch mal gesagt, kein plan, „einfach hier geradeaus und dann rechts". kein geländer für

instinktdinge, hing zum hals raus. zeig her die zunge. meinte dein gefühl anderes, benutzte andere worte z.b., hörte andere stimmen. prekäres gebiet, fremde distinktion. „sie befinden sich hier mitten auf dem marienplatz", „kein durchkommen

mehr", „bayerischer wald, unweit des schwabinger dschungels – aber so unweit auch wieder nicht". danke, das reicht. gehört anderen sichtweisen an, oder -weiten, oder was genau, wirst nicht schlau draus. was triebtier, nein, -ding. nur dringlicher.

alles easy, prima vista. zum anfassen. die sonnenbank, wir hin-
gestreckten. wie klappt das eigentlich, die sache mit der schlag-,
mit der breitseite. wie lange hält sich brustton, nachfragen. farbe
bekennen, ausziehn. jeder darf mal. wir sind im schutz der warn-

vögel: das ist die gelegenheit. machen sie bekanntschaft mit dem
ungehörigen, normal. testen sie, was einen so kleidet, 15^{30} bspw.,
bundesliga, kommen sie in flagranti, für den moment. und reset.
das können sie sich kaum vorstellen, woche für –: wenn sie eine

feste stelle hätten, wie sie sprächen. am ausdruck, quasi nachbarschaft. einweihungsparty. bevor sie die bullen rufen, kommen
sie flugs vorbei. ich bitte sie: wir sind viel zu jung und trinken
co_2-ware aus bottichen, aus allen rohren: glauben sie mir, es gibt

schöneres unter gottes sonne. und dann gehen die wieder. dann
gehts weiter. pack in die pfanne, what, malle. versuchen sies mal.
kumpel, in etwa, rupf die gans und greif zur feder. eben alles eine
frage des commitments, echt, liegt sogar noch mehr drin, einen

drauf. man muss das system nicht checken, um es zu hacken. man
könnte auch, man sollte vielleicht. woanders wohnen. probebohren,
speech acts, schmackes. einfach eintauchen, schnorcheln, augen-
weiden klarmachen, pics schießen. believe me. probieren geht über.

für Linus Westheuser

▸ perspektive
sogenannter blickwinkel. definiert in einem raum erstens, aus welcher ecke etwas gesehen wird, und zweitens, in welchem grad. bspw.: der raum des walds aus der ecke des körpers, sehr großer grad: ich sehe einen baumstamm als wade, vermute unter der erde ferse und fuß.

▸ objektive
raum ohne ecken.

▸ subjektive
ecke ohne raum.

▸ grammatik des blicks, syntax
beschreibt den vorgang des sehens als einen satz, in dem der blick die funktion unterschiedlicher glieder annehmen kann. bspw.: vorgang: ich sehe einen baumstamm als wade.

fall 1: der blick ist subjekt, er handelt.
resultat 1: ich sehe einen baumstamm in form einer wade.

fall 2: der blick ist objekt, er wird behandelt.
resultat 2: ich sehe eine wade in form eines baumstamms.

fall 3: der blick ist aktives verb, handlung.
resultat 3: ich verwade einen baumstamm.

fall 4: der blick ist passives verb, behandlung.
resultat 4: mein sehen wird durch den baumstamm verwadet.

fall 5: der blick ist adjektiv, eigenschaft.
resultat 5: ich sehe einen wadigen baum.

fall 6: der blick ist konditionaler nebensatz, bedingung.
resultat 6: ich sehe eine wade, wenn ich einen baumstamm sehe.

fall 7: der blick ist kausaler nebensatz, begründung.
resultat 7: ich sehe eine wade, weil ich einen baumstamm sehe.

fall 8: der blick ist konzessiver nebensatz, unerwartbarkeit.
resultat 8: ich sehe eine wade, obwohl ich einen baumstamm sehe.

▸ blickdickicht
raum, in dem sehr viel gesehen wird. man steht vor lauter sehen.

▸ blickschichten
je häufiger ein gegenstand angesehen wurde, desto mehr blickschichten liegen auf ihm. man sieht ihm an, dass er gesehen worden ist.

ansprachen

ansprachen

so, dichte, befinden uns jetzt kurz vor heureka. lagebericht. vor mir eine wanne, gefüllt mit etwas, das wie tomatensaft aussieht und auch so schmeckt, aber ganz bestimmt nicht tomatensaft ist. kann seit stunden keine andern mehr hören, die sagen, einmal im leben baden wir in milch. vorsichtig versuche ich, das epizentrum der ruhe zu bestimmen. testphase, dass ich meine empathie zum maulkorb umbaue und dann in den spiegel schaue. schritt in die wanne. ich bin nackt, du trägst haut. wände daneben, haltlos in raumecken irrend, indiz für den erstkontakt? hm. einer von uns hat den finger in die wunde gelegt und nur der finger tut weh. haut rötet sich, rötet die milch. der andere will den einen trösten, fühlt mit einer unbekannten größe. was-weiß-ich-wer oder wir in der schwebe: ziemlich indifferent. keiner kriegt den mund auf. frust, der sich in energie umwandelt, wenn die wanne sich so lang mit schweigen auflädt, bis du rausrennst. dichte, ich bitte dich, will ich noch rufen, triffst du auf wilde, vergiss die geschenke nicht.

na so was, novum. wir wecken schlafende hunde. blättern im wasser, bis auf den grund. machen eselsohren an die besten stellen, familienplanung, für später. und schlaf, im regal. sag mal, wie machst dus, novum? triezt die gegend, wegen ihrer atembeschwerden, wenn die aussicht, durch die blume, kurz vor dem niesen, zuckt? blicke, nicht streifschüsse, wir in den brunnen, wo die quellen schlafen, bis der morgen kommt. das „gesundheit" noch auf der zunge, den augen entzogen. war es absicht, von oben, oder was ist das heute: alle werfen schatten, auch die sonne wirft schatten. werfen, bis der mittag kommt. aufruhr in raten, leckt ein baum im hintergrund sich an den pfoten. legt den lauf an. unter den stamm. making of, als die wurzeln vom boden berichten. klar seis anfangs eine umstellung, auf den zweiten anzug zu verzichten. aber mittlerweile sehe man das mit der authentizität nicht mehr so eng. komme was wolle, novum, mittagsschlaf und ansteckungsgefahr. wenn das schilf gähnt, fängt das ufer auch an zu atmen.

bravo, entschleunigung, wenn zwei kanäle ein kanal – inmitten eines sommers, der fleißig atemzüge übt. passivwerden. musst dir das als mensch vorstellen. nichts erinnert an früher. zuerst beschließt man, sich zu finden wie die b-seite eines geruchs. dann die krux, freischwimmen ohne diagramm im nacken, wenn die kurve, wenn die suche nach der resonanz beginnt. wann habt ihr euch das erste mal geküsst? wann das erste mal ästhetisiert? beine in die hand, entschleunigung, wirst die waden nicht mehr sehen, aber den kanal. wirkt jetzt wie ein trichter. drunter ein bottich voll entgiftung. weg in den keller. spürst kühle, biegst ab. stehst splitternackt in einer galerie und zwei besuchergruppen prügeln sich um die erste berührung. schüsse fallen, niemand wird verletzt. art von reinigung, die dich irgendwie beispiellos macht. als die behelfssonnen angehen. dasselbe spiel. man findet den letzten badegast nicht. du springst ein.

zeit für umschulung, dressur, der kurs heißt kuschelkurs und fuhr soeben mit dem taxi in den tunnel. gib zu, du wusstest nicht, warum vertrauensbildende maßnahmen deinen sitz vorgewärmt hatten. fragtest den fahrer, er bat um geständnis. also bitte: licht ist leichter als schatten, akklimatisierung aber kennt kein gewicht. gewiss. doch was heißt dann, sich entwöhnt zu haben? dumme frage? gibt es nicht. wenn also wahr ist, dass nach der saison die unzeit kommt, wo befinden wir uns jetzt? an welchem punkt einer freundschaft erklärt man die vergangenheit zur leitidee? und wann springt der hund aus dem fahrenden auto? warte mal. niemand springt jetzt aus irgendeinem auto – ist das klar? alles schweigt, nur das taxometer schweigt mit sich selbst. nichts traut nichts über den weg, obwohl es nur einen weg gibt. und alles ist keine gruppe. woran sich die augen längst schon gewöhnt haben. scheinwerfer, was hinter ihnen liegt, so viel ist sicher, kein licht. und du, nur fragen im blick, kannst dirs nicht merken. nimm die brücke, dressur. dass dieser tunnel, als dessen schüler wir uns zu fühlen begonnen haben, beendet und als straße fortgeführt werden wird.

bist auf sendung, manko, mitten im gespräch aufgestanden und hast dich uns, wie aufmerksam, dann so sehr zugewendet, dass es eng wurde. luft geholt von außerhalb, solang der brustkorb um den marktplatz streifte. jahre vorher haben wir zum ersten mal das feld bestellt, in einer zeit, da sich die knochen im arminnern noch differenzierten. weiße exit-stellen im lebenslauf, doch nur die starken überlebten. keine ahnung, warum genau das geschah. es war warm, künftig, fertig zum mitnehmen. nicht mit heute zu vergleichen. das beuteschema ein junges tier mit doppelter zahnreihe, als hätte man eben das cembalo erfunden, aber vergessen, wo man es hingestellt hat. wir, die logisten im suchtrupp. zwölf stunden am tag durchs gestrüpp, noch immer keine spur von dir. man sucht und scheitert am gegenteil von suche. erfindet strategie und richtet die kamera auf sie aus. spot. erst sitzt keiner da, dann tut die person nichts anderes als dazusitzen. zwei stunden später. kein plan. aber das starke bedürfnis, erklärungsnot zu erfinden.

keine berge, saum. lose combo aus pflastern. hast dir die finger aus dem leib geschrien, flugschneise, nun ja, für die andacht. jeden abend bleiben hier die amseln stehen, wipfel lassen ihre schatten fallen. dann ist das waldkleid parka, mit einem trauerflor aus strahlen, und wechselt sein zweites gesicht. bleibt privat, wo du das feld betrittst. wie die steine sich mausern. hörst das zischen, saum, ein klein-tier aus asseln, wenn der verkehr sich aus dem verkehr zieht, zerschneidet eine schere das gebiet. entgliederung der achsen, nackt unter jacken, die du kaum trägst. zeig mir die lebenslinie von grasnarben, komm, zeig mir um-gehung. nur weil du rehe nie siehst, heißt das nicht, dass sie äsen. fontanellen am nullpunkt der naht. stopf die lichtung, aus platzangst, bis ein webstuhl an dunkelheit bastelt. punkto dosis der stiche. punkto farbe des garns.

nach dir, biometrie. wir spielen hand, die sich in größe des fingers unters gesicht schiebt. einweghand, was vor uns liegt, ist kein rasierer. die lust ist also echt. du wirst sehen: zappelt sie, macht sie sich heimisch. gefahr taucht häufig in form von weißen körperchen auf, lämmern der kritik. von denen nie jemand redet. das alte problem, was vor uns steht, ist die austauschbarkeit von aufklärung und aufklärung. ich bin dran. wir bewegen uns unter einer art haube, ich bin die haube, du bist zwanzig, ich auch, und kaum zu entscheiden, ob du aus den anlagen deines körpers nicht schlau wirst oder ob du dieser körper bist. in deinen augen. zwischenspeichern. es kommt der tag, da werden wir dankbar dafür sein. uns transparent verhalten. man nehme, man nehme, werden wir rufen, eine hand und schiebe sie unters gesicht. dann bestandsaufnahme. den namen bitte. marquardt. größe? 1,81 m. gewicht? 62 kg. das macht, sekunde, einen body-mass-index von 18,9.

▸ einfache grenze
im gegensatz zur schwelle ist die einfache grenze nicht übergang, sondern unterschied zwischen zwei räumen. kenntlich wird dies bei überwindung: wird eine schwelle überwunden, existiert sie weiter. wird eine einfache grenze überwunden, gehört sie der vergangenheit an.

▸ komplexe grenze
bezeichnet die grenze und somit den unterschied zwischen einer schwelle und einer einfachen grenze. folglich ist die beschreibung der einfachen grenze eine komplexe grenze.

▸ einfacher raum
grenze zwischen zwei einfachen grenzen. verhält sich unterschiedlich zum unterschied.

▸ komplexer raum
beschreibung des einfachen raums. form von grenzerfahrung.

▸ grenzgebiet
genauso raum der nichtexistenz wie nicht existenter raum. einem grenzgebiet kann man sich potenziell qua beschreibung, irreell qua bewegung nähern.

▸ rückraumgrenze
grenzart, die den vorgang des grenzübertritts so gestaltet, als würde man den gerade verlassenen raum gerade betreten. betritt man bspw. sein zimmer über eine rückraumgrenze, geht man *in sein zimmer hinaus*.

▸ vorschubgrenze
kommt beim bedürfnis zur verwendung, einen unterschied zu markieren, ohne dass es dabei um den unterschied selbst ginge. eine vorschubgrenze soll besonders deutlich machen, dass nach ihrem übertritt *nun etwas anders ist*, ohne dass deutlich wäre, *was eigentlich*.

▸ baumgrenze
höchste form von unterschied. verwandt mit der:

▸ schallmauer
schnellste noch hörbare form von unterschied.

ZIRPN

ZIRPN

am anfang war das am. stamm der entbrannten, grammatik des
walds, in etwa: was die causa strunk betrifft, kann ich nur für
mich reden: das verletzt. das nagt gewaltig am salz. zunächst
einmal, später mehr. denn, meine herren, wo genau liegen denn

unsere wurzeln? sind wir urvölker post scriptum? oder wie ging
das dictum: das diktat war wesentlich westlich. es wurde en
detail gefällt. kaum eine zone, dem gefühlt losen der leiden land
zu schaffen. emo- und migra- ins innere ende des lateins, sprich:

schweig mit der faust! scheiß auf den haufen redner, enthebe
den brunnen! auf keinen fall. doch! mach gesund! erzieh dein
viech zum blindenhund, egal, irgendwas, engagier das tier.
auch das licht im bundeskanzleramt verfügt jetzt über neue

birnen. verdammt. das geknipste und schnipsel. das geknickte
schnitzel. wuchs manches allerhand. und in diesem land lebe ich?
westlich der oder, seitlich der mosel? von wegen dusel. frage,
verantwortung: mops oder pudel. her damit. schnitt. besinnung

auf wesentlich: wer lebt auf der anderen seite des besenstils? was
wär, wenn ich – persönlich – 1982 – den einen schritt gegangen
wär? vom breisgau zum kraichgau: die landschaft, sie erwiese
sich. sie spannte den bogen. landete langsam. fände zum punkt.

will sagen: kommen sie mal, versetzen sie sich, hinein. z.b. was brosame mit ihnen macht. firnis. tunlichst. einzeln und in eins. die fauna im taunus, betrachten sie sie. dann erneut, dann im taun. was sich einschürft und aufbraust. der oder das. die ein-

same landschaft ad acta. eine trope üblen schlags. gesöff avant la lettre. all das. und weiter. dachten sie, im traum, an sporn? mal ehrlich: kaum ausgeguckt, schon wuselt er, son sporn. in ihnen gärt ein unwuchs, brutgruppe aufgescheucht. auswüchslich kerl.

karl. entwickelt früh gereifte eigendynamik. fängt schon in den windeln mit dem wachsen an. denn angenommen lasso: die zügel gleiten / der masterplan bei beinfreiheit. zeit. knallharter eisprung. gegnung im schlupf. und unter uns: son übler sog.

riecht entsetzlich vorsätzlich. dümpelt. plant kultivierten wildwuchs, geht auf safari flöten, anglifiziert gärten, paraphrasiert flora. all das. und achtung. beschnitt mit gewinn. macht wider sinn. da hoppeln sie, die entitäten, und koppeln sich genetisch ab.

oder besser. täten gut daran. machen auf schlecht wetter. auf tür und tor zum deutschen hinterhof. qualm, chromatiden, kapselfrucht und redlichkeit, zur unzeit. und ich sage ihnen eins: kein wunder ist die grille wild gewillt. zu ZIRPN. singt unbedingt.

was ein glück! neues ist aus dem hütsamen schatz kleinstädtischen almanachs an unser ohr gedrungen. erinnern wir uns: zuletzt kam unschätzbar rezitabel „unwesentliches, das sein unwesen treibt“ auf – und das gilt es zu bewahren! nur an den marginalien der sozialen

sauklaue lassen sich schließlich die kapitälchen überhaupt noch als solche betrachten / beträchtlich ächten! denn wie vernünftig, bitte, wäre rationalisierung ohne die ultras von lok leipzig? was wöge arbeitgeberpräsident hundt ohne abnahme? und wie viel macht hätten die

bullen WIRKLICH? schwenk. deplatziertes umzusetzen ist das einzige gelenk des widerstands. und in genau dieses horn bläst auch der almanach in diesem jahr, wenn er besagt: wer immer im kommunen sud suhlt, verlässt ihn als gebranntes kind. wer andern an die gurgel

greift, muss selbst über eine hand verfügen. geht die wurst erst um, geriert sich fleischkonsum als ungeheuer / elefant. dann gewinnt an harm, was jetzt noch los. ist überhand, was noch verlängerter arm. also höchste eisenbahn. am horizont grassiert die causa spitzel im unter-

hemd / wäsche als sozialer fakt: zur unkenntlichkeit einer abendsonne. und selbstverständlich ist die zunahme linker gewalt nur mit zunehmender gewaltbereitschaft zu erklären. das wusste der almanach schon 202 vor: hannibal vs. scipio. als die elefanten auf der strecke blieben.

urbarer ruf / gespinst mit verdienst / kruderer unterton – das alles kannten wir schon. das las sich wie sengung bei glut / blutig gestimmte körperchen und traf im grunde die sache ganz gut. wer etwa andern einen graben grübe, müsse selbiges im schilde haben, führte

zu wirksamkeitsverheiß und verlor sich mit der zeit. was blieb, war der HIEB. noch jahre nach der ersten nennung wandelte sich stift zu hand, syntax zu gelenk. man tat dann eingedenk und harrte des spatens: wohlweißlich stichfest bis gerinnung zur pose. wuchtsame prägung.

ortszeit: new york '55, bochum '09 – es konnte überall sein, wo ein wort zum schaufelding mutierte. wenn man sie wähnte, die bagger, v-männer der wirksamkeit, *shrieked with delight ± hollow-eyed.* das saß. das besaß ausmaß. und hieß aber auch: die unerfahrenheit des

terminus urwald in sachen ursprünglichkeit war zwar eine unter vielen. doch beim HIEB griff das nicht. der HIEB war ständig in bewegung. *yacketakking screaming vomiting whispering facts:* da schrak der hase, beileibe geradestand / er vor – der offensive. als HIEB hatte er nicht

nur vier buchstaben, sondern auch eine richtung. und weil die, kaum griffig, dickicht blieb, saß der HIEB in letztlich jeder begebenheit. *i saw potato salads at ccny lectures on dadaism:* da entsprang – aus prinzip – der wunde punkt in sachen welt. london im frühjahr 2011.

mit Allen Ginsberg

für Ulf Stolterfoht

istanbul bei konstantinopel. die grenze, verschoben, eine komatöse
bucht. der arge ruch, las sich der ticker heute morgen, dpa: dem
mittelsmann sein gewäsch, vorgefunden. die differenz zwischen
durchlässig und porös, denunziert. das ging so durch: gebirge,

archipel, was man durchlüftung nannte, von wirkung. mehr kollektives
wissen als einzelner masterplan, das sich zum wicklertum entschloss,
zum metscherton. so gut. und laizismus, plötzlich, at its best. das
kopftuch, das kochbuch, neoliberal. es war die stunde der gewürz-

märkte, das moment einer vorreiterfraktion. agitante kreise veran-
lassten ihre wandlung zum kubus, über nacht einfluss, uneinsehbar
und frappant. das roch schon arg nach los von rom reloaded dank
flash player: sattler zum bloßen geschnatter. wenn nicht verdonnert,

so doch verdammt. abgekanzelte sphären: dem dpa sein gewäsch,
das wär der punkt. oder porto in portugal. same here. wo die treiber
den gebeutelten die letzte ruhe. raubten, schweigend. stieg der boden-
satz, bestimmt. nennt es rohstoff ohne rohstoff. self-fulfilling, please.

dann schaukeln sie agrarreformen in herz-jesu-art, in null komma,
wie mans nimmt: ein leidliches jenseits des einerlei. und dabei gilt
gleiches für reykjavik seit eyjafjallajökull. da ist dem bundesamt
im grunde der boden entzogen. da gilt es, den aufstand zu proben.

auf dem first des imperiments: rohkost ex post und zuzeln am brutzeln. dichtkunst in der indigophase: pack die phrase am rockzipfel und schüttle. das nachbesserbare an wolfenbüttel. da starb – laut vater staat – die zehnte frau am hang zu kabelsalat.

mir sense. doch ihrer harrt: ein *kind of blue*. die kultur im turnschuh und sie merken es bereits: das thema gekappt, begatten wir uns mitten im impropart. free as can can. nach ca. dreißig jahren krise des hetero-imperialismus befinden wir uns mitten-

drin im hetero-imperialismus. mein nachbar stinkt nach syntax. und wennst magst, fragst ihn selbst: dem brotverkauf sein ausbleib war schuld am arabischen volksaufstand. saat der demodemokratie. die neunte frau suspekt, die achte spricht mundart,

alle anderen kochen. kutteln spartanisch, dazu deko. saab. hoppla. sport war der ort, schmissig die zeit. auch polo muss sich eine gesellschaft erst mal leisten können: das bedarf, um zu dürfen – primär: erfindung des rads pp. da lebt manch ratzler noch im

tee. jutebeutel, ok, aber jeden zweiten tag duschen (können). so wird dank flash 2.0 der [ta:k] zum [tæk]. my bunny lies over the – leck. aufgrund gesunken. wir aber zichten aufs kommensurable winketuch. zichtigen. selbst unsre fahren werden uns noch ahmen.

am morgen plankton, wir triebwerk, unklar. ob herbst, ob obst.
phalanx breaking news, achtung kopf. ducken, stufe. später:
abend. anflug der sünde. ansatzweise hafen, ortsabhängig bug.
liegt fimmel vor, feeling. anker sport. turnen spunde jahn. unter

einen hut. dazu kommt aufhebens. reddington, yang et al. zeigten
'99 die zwei seiten des wesens. wunde, die wunder tut, machts.
nährung, im ganzen. oder kultjute oder gebeutelte kultur: auch
das mutiert vermutlich merklich. steckt im stadium. auf druck der

presse. sichtdämmerung oder was man eintrübung nennt. diesig
weniger als diesseitig nicht, seitens windhauch, recall, incognito.
es könnte freitag sein, es müsste wohl. wie dem anschein nach
ihnen, ohne abstriche. oder caution, aber wie. wir würden dann

essen wollen, per se, doch sozialkompatibel bleiben. mein schopf
steht wirr im wind. dein bruder spielt harfe nahe des büffets.
treibt sich ein lüftchen, duft um, das liegt. korkst ein luchs in pik.
paffke mir schnuppe, piepmatz in lupenrein oder sogenannte

apokryphe stube. denn nicht nur mein fuß kniet. vor psycho-
analyse. kalte füße. wie in dir der sorbe zur sorbin. wirt im hals.
prekär, argh. parasitäre einverleibung infantilen moments. druck-
reifes abschminken gynäkologischer hilfsinstrumente. in echtzeit.

etüde zur stärkung linken sprunggelenks. vorerst ausgewogene
ernährung zur klärung. mehr noch: entbehrung im stadium fort-
schreitenden eindringens: wie essware so durch trakt dank zym.
must have. switch: sekundenschlaf aus der vogelperspektive und

verbfreie schwalben über spanien. habermas. alle sind sie da. im
innern, um nicht zu sagen intern, nicht. züglich specht im sinne
von: tock, tock – kommunikation zwischen schichten schachteln.
backswitch: spachteln. im krankenhaus. dreiste schwester bringt

krücke. krücke verlässt trakt. trakt verlässt haus. freie vögel ziehen
fernüber. dass kabel 1. dass werbung. wie eine abgewogene und
-wechslungsreiche cholesterinbohrung den lebenstil birst. wie ein
grenzschutz wieder ein kind kriegen kann. und sehen sie dann:

best of pech & pannen. ein kind rast in einen gartenzaun. der gartenzaun kracht ein und das in spanien. worauf ihre majestät trost
spendet, in form von geld. mit dem segen ihrer tochter heiratet sie
noch beim verzehr der verletzung: dass sie das tut weh. ihr mann

dann ein schrank im sinne von schrank. sein herz hat urplötzlich
herzform. und ob dessen klärung rätseln die doktoren. alles ent-
spreche einer ganz natürlich verpackten reise nach jerusalem. so
wachtelsturz & honigfluss. no point of no wine. da capo. all fine.

Die Texte des Kapitels „suchrouten" entstanden im Rahmen des KOOK-Projekts „flarf Berlin", für das die partizipierenden Autor_innen je ein Suchbegriffspaar definierten, das dann plus „Berlin" bei Google einzugeben war. Die zwei bis drei Suchergebniszeilen der ersten 30 Treffer bildeten das Ausgangsmaterial für die Gedichte. Die hier abgedruckten Texte sind nahezu komplette Collagen – einzelne Wortformen wurden angepasst, maximal ein Wort pro Text ergänzt. Die Suchbegriffe waren: innenstadt, wolpertinger, berlin (→ *außerhalb der karte*); beifang, schmiegen, berlin (→ *rückwurf, landen*); gürteltier, wertpapier, berlin (→ *über uns industrie*); taucher, zündschnur, berlin (→ *glimmen wollen*); prärie, haaransatz, berlin (→ *wieder den ganzen tag*); funzel, unwesen, berlin (→ *hier unten nur funzeln*); warm, penibel, berlin (→ *im ausgangspost*).

Linus, Daniela, Max, Ilja, Rike, Lea, Tabea, Mary, Rebecca, Kowka,
Paula, Can, Nele, Ulf, Charlotte, Flo, Helene und allen anderen,
deren Aufmerksamkeit meinem Schreiben zugutekam: danke!

Des Weiteren gilt ein großer Dank dem Migros Kulturprozent für die Förderung des Bandes.

geöffneter bereich

7 der aufstieg gestaltet sich fiebrig, wir haben die grenze der
8 ein segen, freilich, aus dem ruder. zweites tischgebet noch,
9 als die schatten ihre arbeit niederlegen, wechselt die beleg-
10 mosel, moselle: felsfusseln im waldkleid, die extrahierten
11 beine wie gitter, als hätten die bäume zu gehen verlernt.
12 am gate die nordsee der erwartungen. sparten, griffig

---

14 ▶ auszüge eines schattenkatalogs

das amortisiert sich nicht

17 so, oder ungefähr so, dürften sich zielgruppen fühlen nach dem
18 das amortisiert sich nicht, u70, alle zeit der welt. wegadern auf
19 pupille nächtens, wir hören das rauschen der hanggebiete. fuchs
20 weiße stelle, die zurückbleibt, wenn der druck sich von der haut
21 beinahe angefasst, ins unreine gesprochen, lag die last auf unsren
22 deplatzierung, in die wir eingingen, historischer vorderlauf, die

---

24 ▶ auszüge eines spurenkatalogs

suchrouten

27 außerhalb der karte wandten wir den blickfang
28 rückwurf, landen. daumen dicht ans panorama,
29 über uns industrie im dateiformat: linien für den
30 glimmen wollen, für kurze zeit. nimm die lunte,
31 wieder den ganzen tag auf prärie betastet, hand-
32 hier unten nur funzeln. lichtkegel, die wir lange
33 im ausgangspost, beim essen und trinken, wir durften

---

34 ▶ auszüge eines tunnelkatalogs

blickinsassen

37 (1) muss das blenden sein, schlag ins gesicht, wenn ich mir
38 (2) fängt zu jucken an, platte hüfthoch, du stehst mitten im tisch.
39 (3) lässt sich aufschaukeln, die farbe des holzes geht mit der farbe

---

40 ▶ auszüge eines griffkatalogs

man muss das system nicht checken, um es zu hacken

ansprachen

ZIRPN

Tristan Marquardt, geboren 1987 in Göttingen, lebt in München und Zürich. Er ist Mitglied des Berliner Lyrikkollektivs G13 (www.gdreizehn.com), dessen Mitgründer er 2009 war. Er war Finalist beim 19. und 20. open mike der Literaturwerkstatt Berlin. Seit 2011 verfasst er neben dem eigenen Schreiben mit Linus Westheuser gemeinsame Gedichte, seit 2012 organisiert er die Lesereihe „meine drei lyrischen ichs“ in München. Seine Texte wurden in Zeitschriften und Anthologien veröffentlicht (zuletzt: „40 % Paradies. Gedichte des Lyrikkollektivs G13“, luxbooks 2012) und ins Englische und Slowakische übersetzt. „das amortisiert sich nicht“ ist sein erster Gedichtband.

© Foto: Katja Zimmermann

Fotokurs
20 Uhr

00-7	Daniel Falb **die räumung dieser parks**
03-8	Steffen Popp **Wie Alpen**
04-5	Ron Winkler **vereinzelt Passanten**
14-4	Gerhard Falkner **Gegensprechstadt – ground zero** + CD Music by David Moss
16-8	Uljana Wolf **kochanie ich habe brot gekauft**
18-2	Hendrik Jackson **Dunkelströme**
22-9	Tom Schulz **Vergeuden, den Tag**
23-6	Monika Rinck **zum fernbleiben der umarmung**
27-4	Christian Schloyer **spiel • ur • meere**
29-8	Sabine Scho **Album**
30-4	Christian Hawkey **Reisen in Ziegengeschwindigkeit**
34-2	Sabine Scho **farben**
35-9	Steffen Popp **Kolonie Zur Sonne**
37-3	Monika Rinck **Helle Verwirrung & Rincks Ding- und Tierleben**
38-0	Uljana Wolf **falsche freunde**
39-7	Daniel Falb **BANCOR**
41-0	Martina Hefter **Nach den Diskotheken**
42-7	Matthea Harvey **Du kennst das auch**
43-4	Alexej Parschtschikow **Erdöl**
44-1	Alexander Gumz **ausrücken mit modellen**
45-8	Mathias Traxler **You're welcome**
46-5	Daniela Seel **ich kann diese stelle nicht wiederfinden**
47-2	Michael Palmer **Gegenschein**
49-6	Monika Rinck **Honigprotokolle**
50-2	Dagmara Kraus **kummerang**
51-9	Gerhard Falkner **Pergamon Poems**
52-6	Hendrik Jackson **Im Licht der Prophezeiungen**
53-5	Christian Hawkey/Uljana Wolf **SONNE FROM ORT**
54-0	Steffen Popp **Dickicht mit Reden und Augen**
55-7	Martina Hefter **Vom Gehen und Stehen. Ein Handbuch**
56-4	Tristan Marquardt **das amortisiert sich nicht**
57-1	Uljana Wolf **meine schönste lengevitch**
60-1	Ulf Stolterfoht **Neu-Jerusalem**

www.kookbooks.de

musst nur
den mund
aufmachen,
willst du
was sagen.